AF446967

Questo notebook appartiene a :

....

....

....

....

....

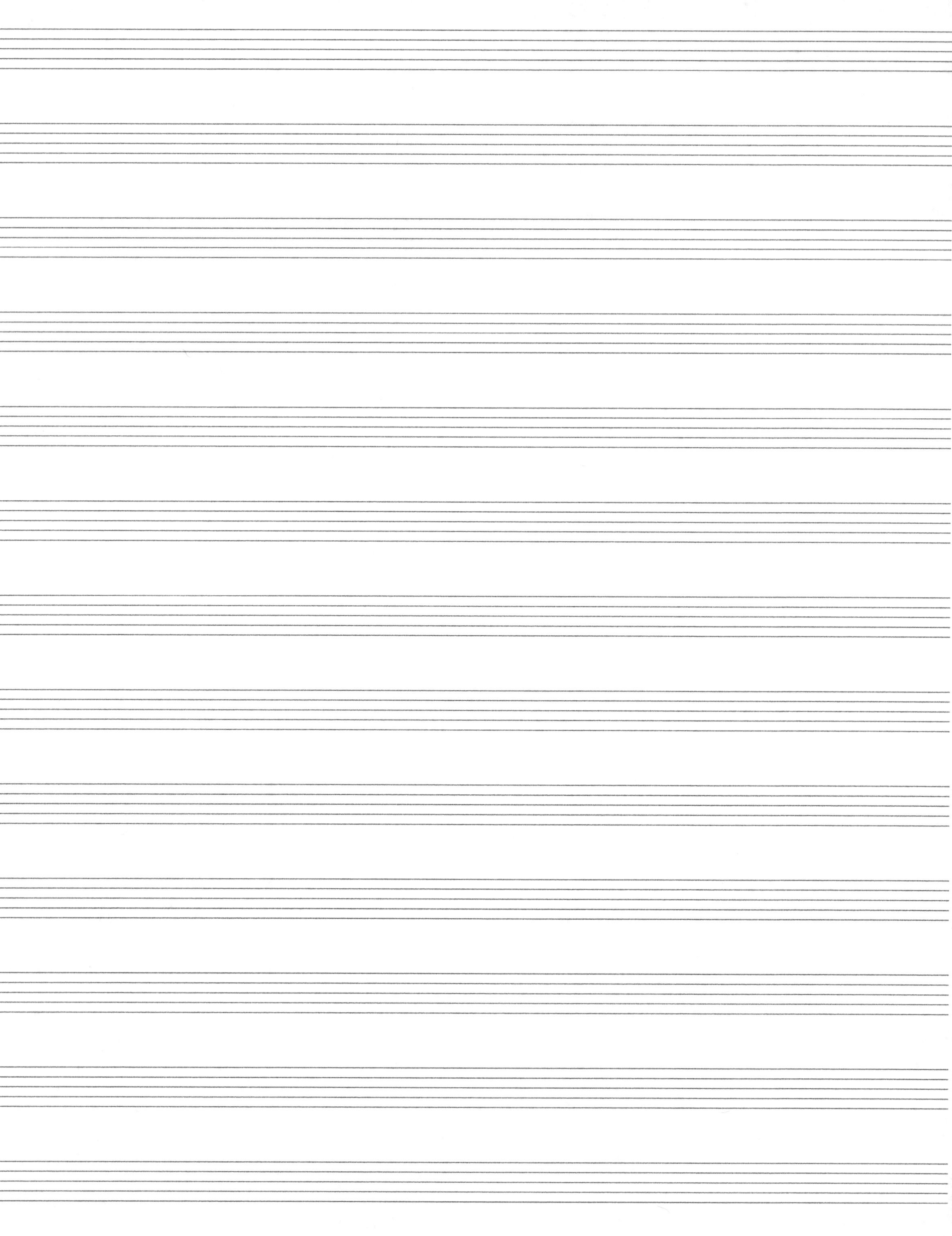

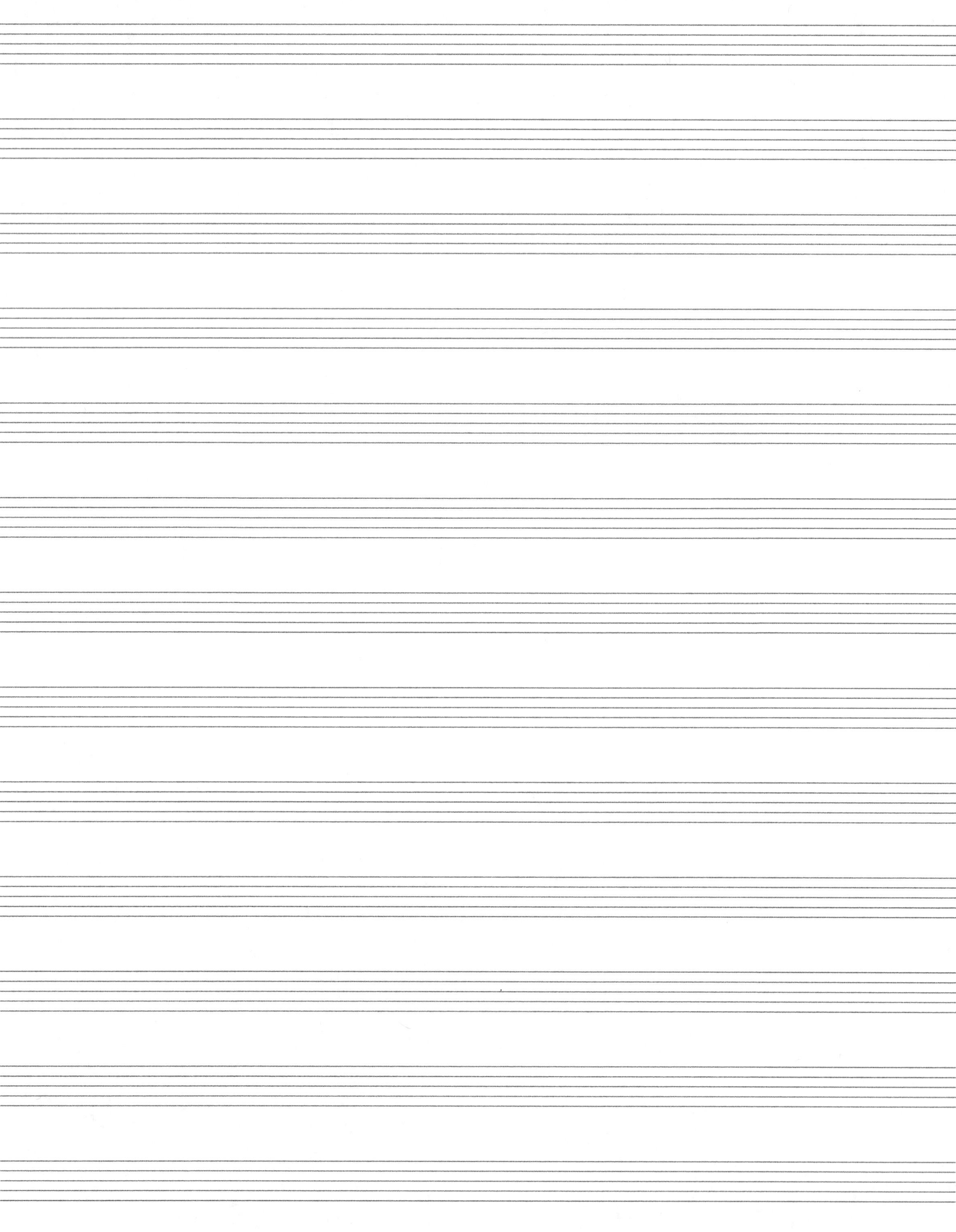

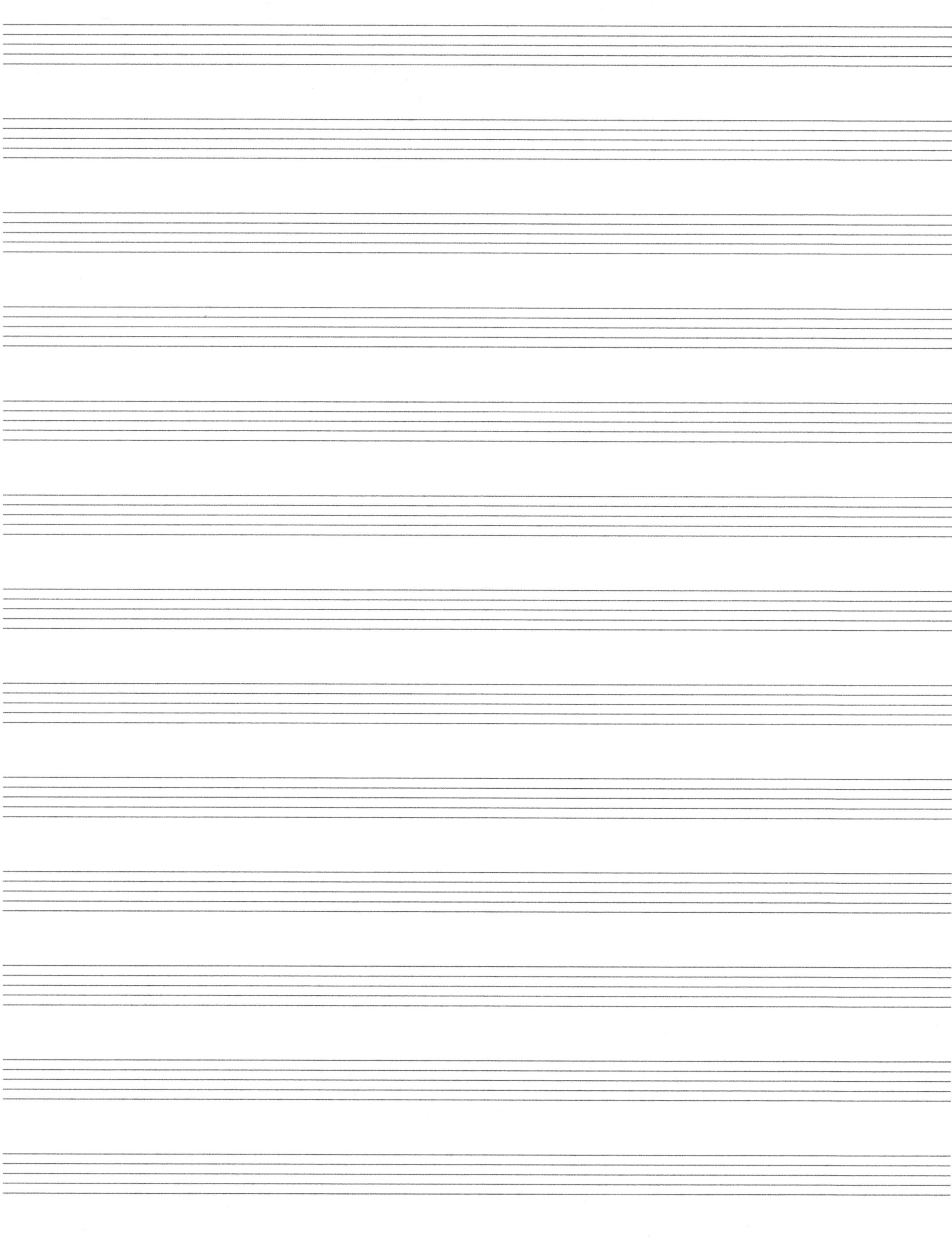

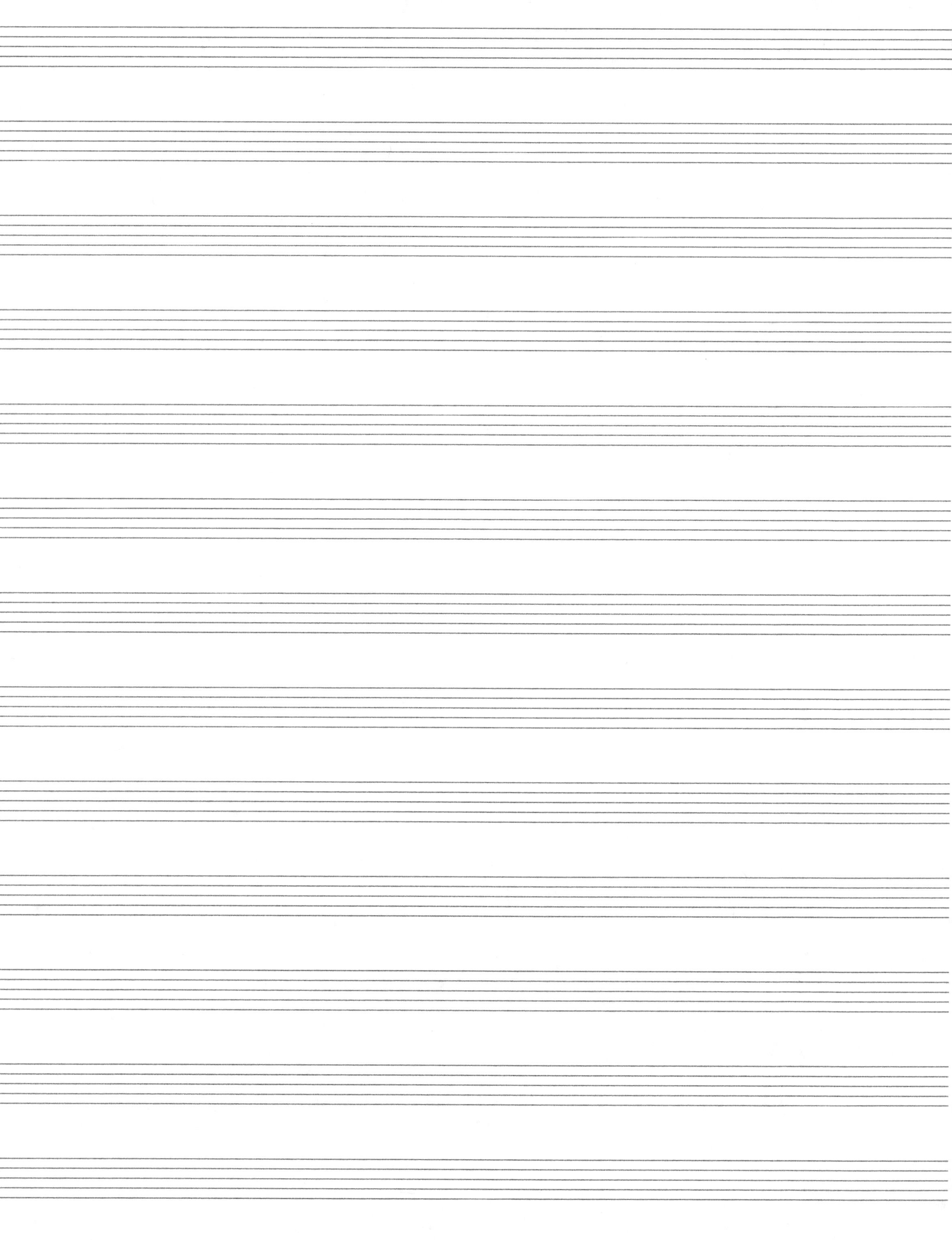

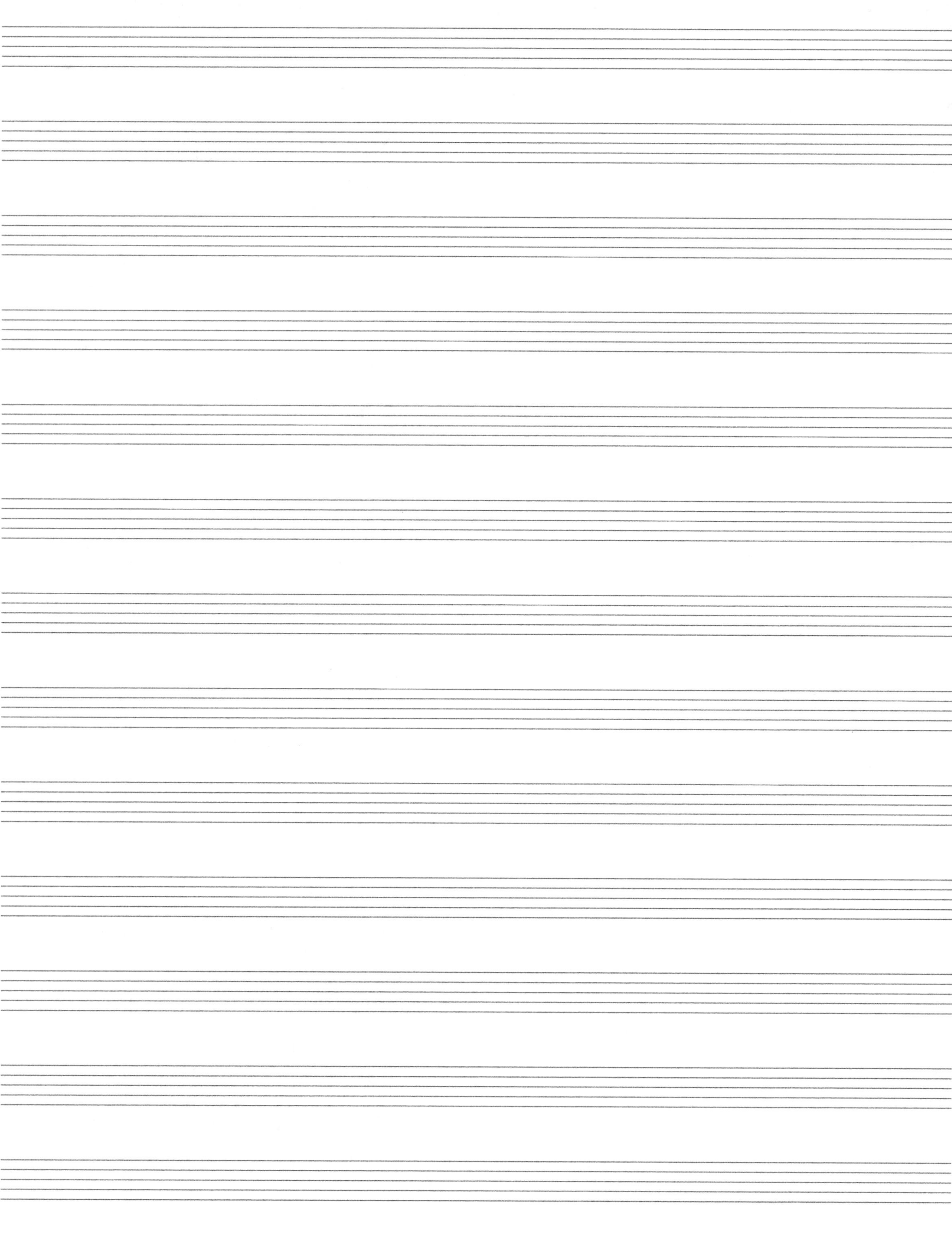

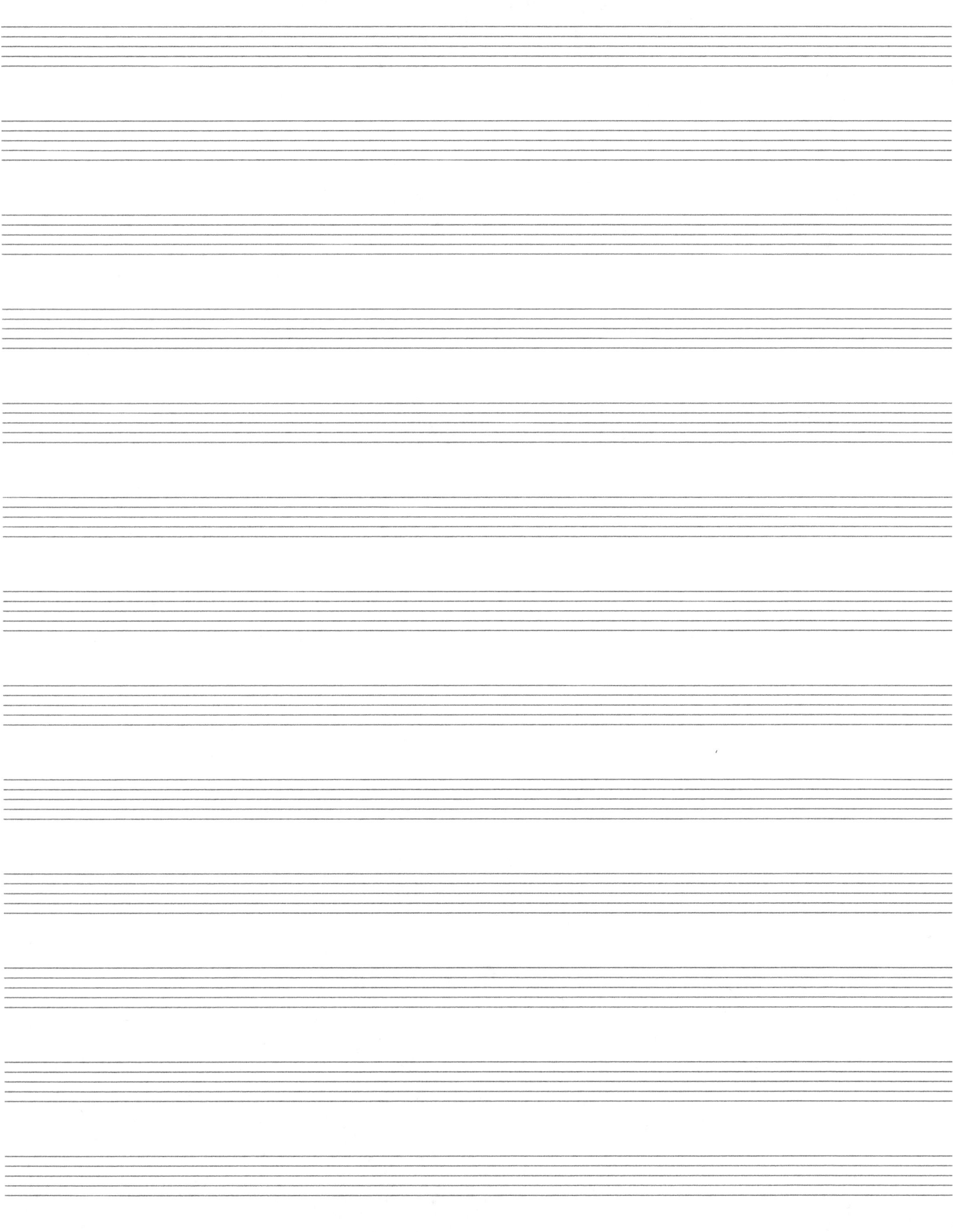

www.ingramcontent.com/pod-product-compliance
Lightning Source LLC
Chambersburg PA
CBHW081930120726
47997CB00010B/3099